ГРАЖДАНСКАЯ РЕВОЛЮЦИЯ

И.Г. Горький

Государственная социально-политическая парадигма завела современную цивилизацию в тупик. Свидетельством тому является ее неспособность разрешить проблемы повторяющихся кризисов, этнокультурных конфликтов, войн, голода, бедности, социальной сегрегации и дискриминации, или топтание на месте в решении этих проблем. В монографии И.Г. Горького «Гражданская революция» анализируются проблемы этих неудач и предлагается внедрение новых политических технологий в качестве методологии построения принципиально нового общества, резистентного к социально-политическому паразитизму приближенных к власти элит, и способного сделать реальностью мечты о справедливости, гармонии и процветании.

Монография предназначена:

- для популяризации точки зрения автора на решение глобальных проблем современного мира;

- для академических институтов и аналитических центров, специализирующихся на вопросах политического развития и политического инжиниринга, в качестве предложения о сотрудничестве в области разработки концепции политических систем нового поколения;

- для передовых инновационных компаний, таких как Facebook, LinkedIn, Google, Amazon, NEC, Cisco, The World Disney Company, Yahoo, Softbank, IBM, Samsung, Oracle, Microsoft, Apple, Space X и т.д. в качестве предложения приступить к экспериментальным разработкам высоких политических технологий будущего.

ОГЛАВЛЕНИЕ

1. ЦИВИЛИЗАЦИОННЫЙ ТУПИК

Ситуация, в которой прибывает современная цивилизация, становится все более драматичной. Надежды прогрессивной общественности на то, что демократия как форма государственного управления станет панацеей от всех бед, оказались тщетными. Идеалы демократии овладели умами и сердцами людей, но так и не воплотились в повседневную реальность. Практически все страны современного мира претендуют на то, что они являются демократическими. На самом деле лишь страны Европы и Северной Америки, а также Австралию и Новую Зеландию можно признать государствами, исповедующими демократические принципы. Для других стран демократия стала лишь процедурно-ритуальной ширмой, за которой на самом деле скрываются различные формы авторитаризма, клептократии, диктатуры и даже тоталитаризма. В лучшем случае некоторые страны отошли от наиболее одиозных форм государственного устройства и несколько приблизились к недоразвитым формам демократии, представляющих собой эклектический набор либеральных и авторитарных институтов. И даже в странах так называемой развитой демократии демократические формы далеко не всегда означают функциональную демократию, то есть фактическую. А понимание ими демократии подменяется тезисами о правовом государстве, политических свободах и свободной рыночной экономике. Все это привело к тому, что даже в этих странах реализация демократических принципов носит фрагментарный характер, что не позволяет им достигнуть полноценной социально-политической гармонии, которая и является конечной целью демократии. Иногда даже в странах развитой демократии случаются всплески авторитарно-консервативного реваншизма, когда государственные лидеры под предлогом демократии фактически занимаются насаждением привилегий только для определенных социальных групп. Приход к власти в США в 2017 году Дональда Трампа, понимающего интересы ультраконсервативной части населения как интересы всего американского общества, а также противопоставляющего интересы представляемой им социальной группы интересам всех иных граждан в глобальном масштабе под лозунгом «В первую очередь Америка!» является наглядным примером сказанному.

Все эти обстоятельства привели к тому, что демократия, де-факто, не позволила избавиться от серьезных дефектов социально-политической системы. В чем заключаются эти дефекты?

Серьезно деформирующим социально-политическую систему дефектом является тот факт, что демократия, существующая в парадигме современной государственной власти, является не демократией вообще, а конкретно представительной демократией. Ее базовым принципом является победа на выборах кандидата, получившего наибольшее количество голосов избирателей. Уже в самой постановке вопроса кроются неразрешимые противоречия, ставящие под сомнение корректность репрезентативности интересов общества.

Во-первых, даже если предположить, что выборы прошли абсолютно честно, то избранный руководитель государства является носителем интересов только определенной части населения, а не всего общества, и его решения далеко не всегда нацелены на достижение общественного консенсуса. К чему это может привести? Приход к власти Гитлера в Германии в 1933 году был абсолютно демократическим. Однако, за этим последовало превращение страны в нацистское государство, что, в конечном счете, обернулось трагедией не только для Германии, но и для всего мира.

Более того, некоторые демократические системы допускают непрямые, а многоступенчатые выборы, в результате которых может победить кандидат, представляющий меньшинство. Так, например, в США при наличии двухступенчатой системы выборов избирателями выборщиков, а затем выборщиками – президента, распределение поданных населением голосов в силу специфики нарезки избирательных округов может приводить к тому, что структура политических предпочтений населения не совпадет со структурой политических предпочтений выборщиков и president становится кандидат, набравший меньшинство голосов. Только за последние двадцать лет дважды, кандидаты в президенты, Джордж Буш младший в 2004 и Дональд Трамп в 2016 году, становились президентами, набрав меньшинство голосов избирателей.

В иных случаях, когда политический спектр страны представлен множеством различных политических сил, победителями могут стать кандидаты, представляющие не большинство избирателей, а лишь самую большую социальную группу, которая в общей демографической структуре может составлять не более 20-30% населения.

Во-вторых, в самой технологии современных выборов заложена ошибка репрезентативности, так как кандидаты воспринимаются населением не такими какие они есть, а через призму сформированного имиджа, который, как правило, апеллирует к наиболее востребованным нуждам населения, а иногда и просто к низменным инстинктам необразованной, но многочисленной части общества. В этом случае исход выборов зависит от умения манипулировать общественным мнением, а не от реальных намерений кандидата. Результатом таких выборов становится приход к власти руководителя государства, ничего не имеющего общего с тем, чего от него ожидают избиратели.

Манипуляция общественным сознанием достигла пиковых значений в особенности в авторитарных режимах. Эксплуатация психотравмирующей пропагандой невежества, предрассудков и невротичных страхов людей способна превращать население в конформно-агрессивный придаток государственной машины, мировоззрение которого формируется больше по законам дрессировки животных, нежели по законам логически осмысленного поведения.

Современная Россия является одним из наиболее ярких примеров деформации информационными вирусами общественного сознания. Посредством монополии на информацию, информационных манипуляций и погружения общественного сознания в мифический мир виртуальной реальности достигается эффект психического угнетения и подчинения населения интересам властвующей элиты. Достижения российского политического режима в области манипуляции информацией оказываются настолько фундаментальными, что объектами дезинформации стали не только население внутри страны, но и народы других стран. Агрессивная пропаганда, подрывающая общественный строй в Грузии и Украине, стала прелюдией военной агрессии против этих стран и оккупации части их территорий, то есть по сути информационным оружием, дополняющим обычные типы вооружений. Российская пропаганда, направленная на дискредитацию кандидата в президенты США Хиллари Клинтон и поддержку кандидата Дональда Трампа, не могли не сказаться на результатах голосования в пользу последнего. Учитывая, что Дональд Трамп был избран президентом при меньшинстве голосов населения и незначительном большинстве голосов выборщиков, можно предположить, что результаты президентских выборов 2016 года в США были предопределены не американским народом, а президентом России Владимиром Путиным.

В-третьих, нужно признать факт, что любой индивид, даже руководитель государства, субъективен. Природа сформировала человеческую психику таким образом, что индивид всегда будет интерпретировать нужды других людей через призму своих личных представлений и предпочтений. Иное будет противоестественным с точки зрения психобиологической природы личности. Это говорит о том, что человек не способен корректно интерпретировать интересы других людей, особенно тех, которые относятся к иной социальной или этнокультурной группе, а представительная демократия не способна до конца корректно транслировать интересы общества посредством институтов государственной власти.

В-четвертых, электоральный процесс в демократических странах является цикличным – от одних выборов до других. В такой конфигурации политические силы в своем стратегическом планировании всегда привязаны к электоральному циклу и способны воспринимать только текущие интересы и проблемы, имеющие отношение только к выборной кампании, игнорируя, тем самым, настоящие долговременные общественные интересы. В этом смысле, диктатуры, основанные на пожизненном правлении государственных лидеров гораздо более восприимчивы к долговременной политической стратегии, нежели демократические режимы. Другое дело, что диктатуры реализуют интересы очень узкой социальной группы, гораздо более узкой, чем на это способны демократические режимы.

В-пятых, демократические режимы в своей

экономической политике опираются на принципы свободной рыночной экономики, предполагающей свободу экономической деятельности для предпринимателей при централизованной системе денежной эмиссии. Такое положение вещей ведет к асинхронному движению денежной и товарной массы, к неизбежности экономических кризисов и цикличному развитию экономики. Хаотичное балансирование производства товаров со спросом на них потребителей посредством формирования рыночной цены сопровождается тем, что производители зачастую производят товары, которые никому не нужны. А в ряде случаев, рыночные игроки симулируют ложный спрос на товары и услуги, навязывая их населению, в частности когда они достигают положения близкого к монопольному или, когда они предлагают услуги, нужда в которых искусственно создана бюрократическими регламентами. И в том и в другом случае результатом является производство объективно не нужных товаров и услуг, и неэффективное использование экономических ресурсов.

Кроме того, денежная эмиссия в руках государства является инструментом перераспределения экономических ресурсов посредством инфляции в пользу той социальной группы, которая контролирует власть. Аналогичным образом организована система государственных финансов, суть которой заключается в перераспределении посредством налогов создаваемых в обществе материальных ресурсов и благ в пользу властвующей элиты. По сути, и в том и в другом случае происходит нарушение прав частной собственности на создаваемые производителями материальные ресурсы и блага вопреки тому, что частная собственность и является краеугольным камнем свободной рыночной экономики. Таким образом, уже в самой концепции свободной рыночной экономики заложено само-отрицающее противоречие, а характер подобного перераспределения носит паразитический характер. Социальным паразитом, при этом, становятся те социальные группы, которые контролируют государственную власть или аффилированы с ней. Особенно одиозными формами социально-политического паразитизма являются диктатуры и автократии, в которых политическая власть находится в руках узкой группы политических игроков. В демократических странах перераспределение материальных ресурсов и благ контролируется властью, более репрезентативно представляющей интересы общества, что позволяет более гармонично поддерживать социальный баланс, но это, тем не менее, не решает проблему социального паразитизма радикально.

Другим фундаментальным противоречием свободной рыночной экономики является то обстоятельство, что она дезинтегрирована с политической системой. Схематично взаимодействие политической и экономической систем в современном мире выглядит как надстройка государственной власти над сообществом хозяйствующих субъектов. При этом государство выполняет роль представления интересов в первую очередь той части экономического сообщества, которая инкорпорирована в систему государственной власти, а экономическое сообщество выполняет роль создания материальных благ с их последующим распределением по правилам, диктуемых государством. В такой конфигурации экономические игроки функционируют обособленно от социальной системы по правилам рынка, а мотивационный механизм ориентирует всю экономическую подсистему сугубо на погоню за прибылью, дезинтегрируя экономические и социальные интересы общества. Это приводит к тому, что зачастую экономические интересы доминируют над социальными интересами, деформируя социальный баланс в обществе, чему достаточно много примеров.

Доминирование экономических интересов над социальными и одержимость прибылью побудили западные демократии сотрудничать со сталинской Россией и гитлеровской Германией, вскормивших, тем самым, их же злейших врагов. Впоследствии вражда со вскормленными политическими режимами привела к гигантским разрушениям и экономическому ущербу в результате войн и противостояний при сравнительно мизерных прибылях, полученных от такого сотрудничества. Коллаборационизм Запада с современной путинской Россией близок к тому, что можно назвать историческим рецидивом, повторяющим подобную ситуацию. Практика производства вредных для человека и окружающей среды товаров, экологически вредная деятельность, промышленное производство орудий убийств людей являются наглядным примером того, как дезинтеграция экономических и социальных интересов сопровождается доминированием первых над последними. Платная медицина и образование в ряде капиталистических стран, в частности, в США являются еще одним кричащим примером ситуации, когда экономические интересы диаметрально противоположны социальным. Для малообеспеченных слоев населения платная медицина означает лишение их права на жизнь, несмотря на то, что такое право формально декларировано в основных законодательных актах страны. Платное образование ограничивает его доступность и неизбежно ведет к дегенерации нации, сопровождающейся гораздо большими экономическими убытками, чем непосредственно расходы на образование.

Несбалансированное распределение материальных ресурсов и благ привели к сосредоточению богатств на одном социальном полюсе и социального маргинала — на другом, а также к зависимому положению части населения, единственным источником существования которого является личный труд, от малочисленной социальной группы, сосредоточившей в своих руках основную часть материальных благ, включая капитал и средства производства.

Монопольная зависимость труда от капитала позволяет увеличивать эксплуатацию труда, перераспределяя, тем самым, материальные ресурсы еще с большим дисбалансом в пользу паразитирующей социальной группы. Широко распространенная во всем мире компенсация труда на повременной основе демонстрирует, что доходы трудящихся в форме заработной платы не привязаны к результатам их труда и по сути являются социальным пособием на выживание за проведенное на работе время. Это ведет еще к большей социальной поляризации труда и капитала и обостряет этот конфликт и основное противоречие капиталистического способа производства.

Обратная ситуация возникает, когда представители социальных низов обращаются к предпринимательской деятельности. Они вынуждены идти на предпринимательский риск, зачастую не имея резервов на покрытие возможных потерь. Эти риски многократно завышаются в силу того, что поляризация богатства и бедности и развитие монополистического капитала привели к деформации и монополизации многих секторов свободного рынка и, как следствие, к монопольной зависимости малого и среднего бизнеса от крупного капитала. При этом начинающие предприниматели не имеют таких гарантий социальной защиты, которые широко распространены в отношении лиц наемного труда. Это обстоятельство отталкивает значительную часть несостоятельного населения от самостоятельной предпринимательской деятельности, обрекая его на социально зависимое положение жертв капиталистической эксплуатации.

Свободная рыночная экономика, основанной на труде, зависимом от капитала, таит в себе потенциал кризиса, который однажды уничтожит капитализм. Поводом для этого может стать цифровая революция, де-факто начавшаяся с изобретением компьютерных технологий и интернета. Замещение физического и рутинного интеллектуального труда роботами и искусственным интеллектом уже в ближайшем будущем приведет к тому, что нужда в наемном труде в значительной степени отпадет, а безработица, по подсчетам ученых-футурологов, может составить до 50%. Если к этому времени, социально-экономическая формация не будет изменена, то лавинообразный рост безработицы не только обострит социальные проблемы до состояния всеобщего хаоса, но и подорвет платежеспособный спрос как основу экономического развития, обрушив экономику современной цивилизации.

В-шестых, современная цивилизация функционирует в системе государственных отношений, регулируемых юридическими актами, которые сами по себе являются лишь формой и вступают в силу лишь по мере их правоприменительной интерпретации. Это дает возможность по-разному истолковывать нормы одного и того же закона и, соответственно, манипулировать правоприменительной практикой. В авторитарных, диктаторских и тоталитарных режимах достигается правоприменительный эффект, когда применяемый закон частично или полностью противоречит формальному содержанию законодательных норм. Совершенно нормальной практикой в таких странах является селективное применение закона, когда одни и те же нормы закона по-разному интерпретируются в отношении разных субъектов правовых отношений и, таким, образом узаконивается социальная и политическая сегрегация ущемляемых в правах социальных групп.

Достижением демократических стран является создание правового государства, обеспечивающего равенство всех граждан перед законом. Гарантией защиты от селективной правоприменительной практики является институт разделения властей на законодательную, исполнительную и судебную так, что субъективная интерпретация закона одной ветвью власти исправляется посредством вмешательства в правоприменительный процесс другой ветви власти. Вместе с тем, правоприменительная практика реализуется в системе государственных отношений. Это означает, что субъекты правоприменительной практики разделяются на граждан, не граждан-резидентов и нерезидентов, которым предоставлены совершенно разные наборы прав, что по сути является ничем иным, как правовой сегрегацией. Ситуация выглядит парадоксальной, когда защитники прав и свобод испытывают унижения и притеснения, будучи резидентами авторитарных и диктаторских стран, а сторонники ультраправых, националистических и фашистских взглядов наслаждаются всеми благами демократии в силу приобретенного ими резидентского статуса по рождению в странах развитой демократии.

Даже в правовых государствах правовые отношения реализуются посредством бюрократической машины. Такое правоприменение по сути представляет собой многоступенчатую правовую интерпретацию, осуществляемую многочисленной бюрократией, фактически образующей самостоятельную социальную группу. В результате правовые нормы интерпретируются в интересах бюрократии и обслуживаемой ими социальной группы, контролирующей власть, правоприменительные процессы зачастую затягиваются на критично длительное время, а многоступенчатость правового механизма мультиплицирует ошибки некорректной интерпретации, позволяя существенно искажать формальные нормы, содержащиеся в законе. Государственная бюрократия превратилась в серьезную преграду на пути корректной реализации норм формального права и сделала невозможным полноценную реализацию прав и свобод граждан даже в странах развитой демократии. Национальная и международная бюрократия создает юридические и протекционистские препятствия на пути движения товаров, капиталов, гражданской и политической активности и, тем самым, создает эффект тромба в экономике и социальной сфере, подрывая и дегенерируя экономическое и социальное развитие современной цивилизации.

Мы видим, что идеалы демократии и свободы остаются нереализованными до конца даже в развитых демократических системах. Многочисленные случаи негативных социальных последствий деятельности демократических государств являются объектами для спекуляций в авторитарных и диктаторских режимах, что помогает им отталкивать от демократических ценностей значительную часть населения. Внутренняя и международная солидарность демократической общественности и демократических стран в борьбе за права и свободы человека зачастую уходит на второй план, а на первый план выдвигается погоня капитала за прибылью. Меркантильные интересы начинают доминировать над моралью и демократический мир становится бессильным в противостоянии с автократиями и диктатурами. А зачастую возникает даже обратный эффект и демократические страны прибегают к коллаборационизму с автократиями и диктатурами. Сотрудничество США и Великобритании со Сталиным сводилась не только к торговле, передаче технологий, экономической и военной помощи, но и к выдаче россиян, бежавших от коммунистической революции, проживавших к тому времени уже около 30 лет на Западе и боровшихся против коммунизма, которых в итоге принудительно отправили в СССР на верную смерть. И это не исключительный факт, а лишь один из прочих в ряду бесчисленных случаев подобного плана.

По сути, даже в странах развитой демократии демократические нормы существуют только в юридической форме, то есть в идеале, а в повседневной практике формальные нормы демократии реализуются настолько фрагментарно, что о функциональной демократии можно скорее говорить, как об исключении, нежели правиле.

2. ГОСУДАРСТВО И ВЛАСТЬ: ХРОНОЛОГИЯ ВОЗНИКНОВЕНИЯ И РАЗВИТИЯ

Исторически институт государства возник в результате объективной необходимости в упорядочении отношений между людьми и группами людей на территориях их проживания. От этого зависела выживаемость человеческой цивилизация на ранних стадиях ее формирования. К власти приходили наиболее сильные и организованные. Однако в результате межплеменных войн возникали победители и побежденные, покорители и покоренные. Победители подчиняли себе побежденных и так возникала социальная дифференциация. Подчинение одних социальных групп другими осуществлялось посредством возникших институтов принуждения, которые заставляли пораженную в правах часть общества работать на своих покорителей. Таким образом практически с момента своего возникновения государственная власть стала не только инструментом упорядочения социальных отношений, но способом социального паразитирования властвующей элиты.

Жажда завладения территориальными и природными ресурсами и захвата материальных благ, принадлежащих проживающим на этой территории людей, становились причиной междоусобных войн. Победителями становились сильнейшие и наиболее организованные с точки зрения боеспособности этнокультуры. Так определился основной закон властного существования, основанный на балансе силы. Менее боеспособные народы покорялись более могущественными, а этнокультуры примерно с равными силовыми возможностями вынуждены были договариваться между собой относительно распределения их сфер влияния, по крайней мере до тех пор, пока одни не ослабевали по отношению к другим или наоборот, финальным завершением чего всегда оказывалось покорение и подчинение слабых сильными.

Обогащение элиты за счет распространения своей власти над все новыми ресурсами и территориями стало законом развития государства. Увеличение территорий государств в результате захвата новых территорий и усложнение социальной структуры общества в результате разделения труда, развития ремесел и технологий привели к много-порядковому усложнению системы государственного управления. Чрезмерная паразитическая нагрузка властного центра над населением и региональными элитами стали заканчиваться дворцовыми переворотами и бунтами. Важным фактором жизнеспособности государственной власти в новых условиях стало искусство достижения такого баланса между безмерными паразитическими аппетитами властвующего центра и сколь-либо приемлемыми условиями существования иных социальных групп, который удерживал бы население от восстаний и революций, ведущих к смене власти. Способом достижения такого социального баланса стали расширение гражданских прав, налаживание механизмов обратной связи между властью и обществом, модернизация инструментов насилия власти над обществом, ограничение методов прямого силового подавления граждан и их замена методами косвенного принуждения. Развитие правоотношений в этом направлении привело к замене рабовладельческого строя феодальным, а феодального строя – капиталистическим.

Капиталистическая конкуренция породила спрос на мотивированный и креативный труд, неизбежным условием чего стали процессы экономической и политической либерализации. Представительная демократия, разделение властей, свободные выборы, права человека стали кульминацией политической эволюции, хотя этот процесс коснулся далеко не всех государств мира. Вместе с тем, демократические процессы сумели лишь ограничить паразитическую нагрузку государственной машины на общество, но не смогли изменить паразитической сущности самого государства. Именно поэтому социальные токсины продолжают разъедать даже демократические общества, не говоря уже об автократиях и диктатурах.

Возникновение государства стало прогрессивным явлением. Государственная власть позволила упорядочить отношения в обществе и защитить его от хаоса. Фундаментальным недостатком государства оказалась его неспособность защитить общество от паразитизма социальных групп контролирующих власть. Этот недуг стал непреодолимым в связи с отсутствием у человечества технологической базы, которая позволила бы ему реализовать прямую демократию без посреднической роли в управлении обществом властвующей элиты. Информационная революция в современном мире подвела цивилизацию к той черте, когда цифровые технологии становятся вполне эффективными для того, чтобы интерпретировать гражданские интересы напрямую, без посредников.

Вместе с тем, нужно признать тот факт, что современная государственная машина представляет собой самодостаточный социальный организм, подсистемы которого функционально настроены на его воспроизводство и защиту от внешних и внутренних деформаций. Любое изменение социального порядка, направленное на отрицание государства, всегда будет восприниматься государственной машиной как враждебное и будет подавляться. Очень красноречив тот факт, что в своем развитии современная наука дошла до развития нано-технологий, искусственного интеллекта, искусственного выращивания органов, роботизации многих технологических процессов, но никак не продвинулась в области создания новых политических технологий, застопорившись на декларациях о правах человека и демократических ценностях. Все это указывает на то, что современная цивилизация исчерпала все те ресурсы, которые в принципе может дать институт государства, и уперлась в исторический тупик, дальше которого социальное развитие в парадигме государственной власти более невозможно. В этой связи, встает вопрос «Что делать?».

3. НА СТЫКЕ ЭПОХ: ОТ ПРЕДСТАВИТЕЛЬНОЙ ДЕМОКРАТИИ К ПРЯМОЙ

Всем людям, интеллектуальный и нравственный уровень которых позволяет им понимать, что общество – это система, благополучие которой зависит от благополучия каждого из ее элементов, нужно объединяться. Формула всеобщего благополучия должна заключаться в том, что понимание своего личного благополучия является прерогативой каждого до тех пор, пока благополучие одного не достигается за счет благополучия другого. Другими словами, понимание благополучия должно носить продуктивный, а не паразитарный характер. И каждый индивид должен получить право быть своим собственным сувереном, а принцип суверенитета личности должен стать системообразующим для создания общественной системы нового типа.

В основе взаимодействия суверенов должно лежать правило, исключающее возможность множественной интерпретации их прав и обязанностей по отношению друг к другу, то есть правило социального консенсуса. Единственным адекватным способом мировосприятия, позволяющим людям самых разных культур приходить к общему пониманию, основанном на объективности, является рационально-логическое осмысление фактов и явлений, опирающееся на академические знания и лишенное любых предрассудков, верований и предубеждений. Это условие не исключает того, что люди в соответствии со своими традициями могут объединяться в группы и взаимодействовать внутри своих групп по тем правилам, которые для них являются наиболее удобными, но взаимодействие представителей одних этнокультурных групп с лицами, не относящимися к этой этнокультурной группе не может быть основано на внутригрупповых правилах.

Объединение граждан-суверенов, взаимодействующих на принципах социального консенсуса, в единую социальную систему, будет означать создание новой социальной общности, которую условно можно обозначить как Суверенное Гражданское Сообщество.

Самым современным и практичным способом объединения граждан является создание социальной сети. Участие в социальной сети граждан, разделяющих ценности Суверенного Гражданского Сообщества, по сути будет означать создание новой социальной системы, объединяющей людей в глобальном масштабе вне зависимости от их социальной, национальной, этнокультурной, религиозной и гражданской принадлежности и резидентского статуса. Социальная сеть в комбинации с цифровыми приложениями, направленно организующими взаимодействие участников социальной сети, - качественно новый этап самоорганизации людей по правилам информационного мира, знаменующий вступление человеческой цивилизации в принципиально иную общественную формацию.

Создание механизмов самоуправления, позволяющих максимально широко участвовать членам сообщества в его управлении в качестве первоначального шага и, далее, спонсирование разработки и внедрения цифровых приложений, которые бы позволяли производить перманентную и сплошную цифровую агрегацию и интерпретацию мнения членов гражданского сообщества в части принятия правил, управленческих решений, разрешения споров, контроля за исполнением правил и управленческих решений, при которой вмешательство человека сводилось бы лишь к настройке работы и контролю за корректностью работы цифровых приложений, станет следующим шагом на пути к новой эре. Внедрение такой технологии исключит субъективный фактор в управлении обществом, возможность интерпретировать интересы общества в пользу привилегированных социальных групп и обозначит начало гражданской революции, сопряженной с переходом цивилизации от представительной к прямой демократии.

Новое социальное качество, продуцируемое прямой демократией, будет заключаться не только в антипаразитной резистентности новой социальной конструкции, но и в нивелировании антагонизмов, возникающих в результате дезинтеграции экономических, социальных, политических и иных интересов в условиях государственной системы управления. Непрерывная и сплошная интерпретация мнения членов гражданского сообщества должна будет интерпретировать общественные интересы в их интегративной версии, так как цифровая интерпретация агрегированных данных не сможет выдать законченное математическое решение, одновременно содержащее в себе противоречивые друг другу результаты. Например, в отличие от государственной бюрократии, способной прибегать к самым циничным извращениям норм общественной морали и нравственности, цифровая программа не сможет принять такого решения, которое бы заключалось в том, что для построения гармоничного и процветающего общества в целом целесообразно производить оружие убийства людей в частности, потому что это принесет прибыль производителю этого оружия и дополнительные доходы в бюджет в виде налогов от этой прибыли.

4. ГРАЖДАНСКАЯ КОРПОРАЦИЯ

Создание механизма принятия решений и управления обществом, близкого к идеальному, недостаточно для полноценного воспроизводства общественных отношений нового типа. Необходимо создание такого экономического базиса, который бы мог служить инструментом консолидации и воспроизводства ресурсов, обеспечивающих функциональность Суверенного Гражданского Сообщества.

Создание торгово-инвестиционной площадки в качестве цифрового приложения к социальной сети для совместной предпринимательской деятельности позволит диверсифицировать взаимодействие членов сообщества в сферу бизнеса. Создание институтов экономической деятельности поставит на повестку дня вопрос о собственности. С одной стороны, члены сообщества выступают как самостоятельные субъекты хозяйственной деятельности, основой деятельности которых является частная капиталистическая собственность и ее производные, такие как совместная, кооперативная, корпоративная и акционерная виды собственности. С другой стороны, организация экономической деятельности внутри сообщества предполагает создание объектов совместной инфраструктуры членов сообщества, таких как, например, сама торгово-инвестиционная площадка. Суверенное Гражданское Сообщество не является ни государственной системой, ни частной, так как основой ее деятельности является солидарное взаимодействие граждан-суверенов, исключающее возможность их неравного положения по отношению друг к другу. Соответственно возникнет необходимость создания нового типа собственности, представляющей собой совместную гражданскую собственность, разделенную между членами сообщества на равные неотчуждаемые доли до тех пор, пока владельцы этих долей являются членами сообщества.

Корпорация, учрежденная суверенными гражданами – членами сообщества, или, коротко, Гражданская Корпорация, станет экономическим агентом Суверенного Гражданского Сообщества, солидарно действующим от имени и в интересах членов сообщества. Отличительная особенность

Гражданской Корпорации – ее исключительное право использовать гражданскую собственность, являющуюся, в свою очередь, системообразующим элементом корпорации. Гражданская собственность может формироваться из доходов Гражданской Корпорации, в чью исключительную прерогативу должно входить управление наиболее критичными элементами инфраструктуры Суверенного Гражданского Сообщества, суверенитет сообщества над которыми необходим для существования сообщества как такового.

Будучи хозяйствующим субъектом, солидарно реализующим интересы всех членов сообщества, Гражданская Корпорация не может быть подконтрольна какой-либо одной социальной группе. Доля гражданской собственности в Гражданской Корпорации должна быть не менее 51%. Остальные 49% акций могут находиться в любой собственности без ограничений. Кроме того, Гражданская Корпорация может быть соучредителем и владельцем акций иных предприятий с любой долей участия. В этом случае может возникать смешанный гражданско-частный капитал и смешанная гражданско-частная собственность.

5. «СУПЕР ДОЛЛАР»

Важным условием обеспечения хозяйственного суверенитета Суверенного Гражданского Сообщества будет организация самостоятельного денежного обращения. При этом, речь идет о создании денег нового типа, отличных от традиционных денег современных государственных систем. Современные денежные системы основаны на государственной монополии на эмиссию денег и регулирование денежного обращения, результатом чего стало паразитическое перераспределение создаваемых в обществе материальных ресурсов и благ в пользу социальных групп, контролирующих власть, посредством необеспеченной денежной эмиссии. Цикличное функционирование экономики с повторяющимися кризисами в результате асинхронного движения денег и товаров стало закономерным результатом подобной монетарной политики.

Мера стоимости – это основная функция, которую должны выполнять деньги. Их задачей должно стать точное количественное отражение затрат энергии на производство товара при среднерыночной эффективности производства. Наиболее универсальной единицей энергетического потребления на сегодняшний день является киловатт. Математически все другие виды энергетических затрат можно перевести в условные киловатты. Соответственно, наиболее адекватным способом сравнивания энергетических затрат на производство различных товаров и оказание различных услуг посредством денег будет привязка денежной единицы к условному киловатту. Назовем условно эту денежную единицу «супер долларом».

Задачей денежного обращения является поддержание баланса между денежной и товарной массой. Соответственно, эмиссия денег должна быть привязана к среднерыночной энергоемкости добавленной стоимости, создаваемой производителями товаров и услуг.

Отличительной характеристикой товара от просто произведенного изделия является наличие не только меновой, но и потребительной стоимости, которая подтверждается наличием потребительского спроса на товар. Спрос должен быть подтвержден посредством размещения потребителями заявок на товары и услуги через товарную биржу или ее агентов, функции которых могут выполнять предприятия торговли и услуг. Кроме того, товары изнашиваются и со временем теряют свои потребительские качества, а достигаемый эффект от оказанных услуг со временем исчезает. Соответственно, принцип поддержания баланса между товарной и денежной массой предполагает, что денежные знаки должны симметрично терять свою количественную наполненность, как минимум, со скоростью среднестатистической амортизации. То есть деньги должны амортизироваться.

В конечном счете, система денежного обращения может приобрести следующую конфигурацию. Центральные банки и эмиссионные центры потеряют монопольное право на эмиссию денег, и начинают осуществлять эту функцию совместно с производителями товаров и услуг. За центральным банком останется только функция контроля за корректностью денежной эмиссии производителями товаров и услуг. Потребитель делает заявку на приобретение товаров и услуг через Центральную товарную биржу, являющегося структурным подразделением Центрального банка, или через одного из агентов Центральной товарной биржи, которым автоматически становится любой оптовый или розничный продавец. Далее Центральная товарная биржа делает заявку на отгрузку товара или оказание услуги их производителям. После отгрузки товара или оказания услуги Центральный банк выпускает денежную сумму, эквивалентную среднерыночной энергоемкости на создание добавленной стоимости в связи с производством конкретного товара или оказанием конкретной услуги, и эта денежная масса передается непосредственно производителю этой добавленной стоимости. Таким образом, доход производителей будет состоять частично из выручки, непосредственно оплаченной покупателем, и из денежной массы, выпущенной Центральным банком на покрытие затрат производителя на создание добавленной стоимости. Далее, деньги, поступившие в собственность производителя, подвергнутся амортизации, если они не будут расходоваться и вкладываться, вплоть до их полного исчезновения. Соответственно, в интересах владельца денег будет расходование денег на собственные нужды и капитализация неизрасходованных денег посредством их инвестирования или размещения на хранение в банк с тем, чтобы, получая дивиденды или банковские проценты, зарабатывать доход, частично или полностью покрывающий потери от денежной амортизации, или даже приносящий прибыль.

Такая циркуляция денег должна защитить суверенных граждан от паразитического перераспределения создаваемых ими ресурсов и благ в пользу властвующей элиты посредством инфляции, а также покончить с экономической монополией и диктатом государства над экономическими процессами посредством централизованной денежной эмиссии, с сопутствующими экономическими кризисами и катастрофами. А источником прибыли должна стать экономическая деятельность с рентабельностью выше среднерыночной, что обеспечит непрерывный рост эффективности общественного производства.

6. ГРАЖДАНСКОЕ ПАРТНЕРСТВО

Важной социальной задачей гражданского сообщества является устранение конфликта между трудом и капиталом. Понятие заработной платы должно исчезнуть из гражданского лексикона. По сути, зарплата — это маргинальная форма дохода эксплуатируемой части населения, функция которой носит в значительной мере социальный характер, так как зачастую нацелена на то, чтобы обеспечить выживание семей работающих, нежели на паритетное распределение дохода между трудом и капиталом. Конфликт между трудом и капиталом усугубляется даже в развитых и демократических странах, что наглядно демонстрирует растущая пропасть между бедностью и богатством. Труд должен быть приравнен к предпринимательской деятельности, и все граждане должны получать паритетный доход от своей предпринимательской или трудовой деятельности на правах частных компаний. А отношения между субъектами хозяйственной деятельности должны строиться на условиях равноправного партнерства в плоскости сугубо горизонтальных отношений.

Создание инфраструктуры функционирования Суверенного Гражданского Сообщества, обеспечение законотворческой, надзирательной, судебной и исполнительной деятельности являются непременными условиями жизнеспособности сообщества и неотъемлемой частью хозяйственной деятельности, осуществляемой им. Открытый конкурс на социальные подряды для выполнения перечисленных функций должны будут стать способом хозяйственного партнерства между Суверенным Гражданским Сообществом и его гражданами по вопросам социально-экономического жизнеобеспечения сообщества.

7. В ПОИСКАХ НОВОЙ СПРАВЕДЛИВОСТИ

Предпринимательская деятельность содержит в себе элементы коммерческого риска, то есть риски потери бизнеса. Кроме того, массовая роботизация сферы производства и услуг может вызвать масштабную безработицу. Как результат, часть граждан может остаться без средств к существованию. Под угрозой может оказаться базовое право человека – право на жизнь. На повестку дня встает вопрос о социальной защите прав граждан, в частности, права на жилье, здравоохранение, образование и прожиточный минимум. Кроме того, необходимы расходы на содержание инфраструктуры и поддержание функциональности самого Суверенного Гражданского Сообщества. Возникает необходимость формирования бюджета сообщества.

Основным источником доходов государства являются налоги. Вместе с тем, налогообложение представляет собой принудительное изъятие государством части благ и ресурсов, создаваемых гражданами. По сути, это означает нарушение прав частной собственности, так как происходит изъятие стоимости, созданной трудом граждан или приобретенной ими и являющейся их безусловной собственностью.

Другой вопрос - что может быть частной собственностью, а что не может быть ей. Если материальные блага являются продуктом человеческого труда, то они совершенно естественным образом должны принадлежать тому, кто их создал или приобрел. Те материальные блага, которые не являются продуктом человеческого труда, а являются частью природы и среды обитания частной собственностью быть не могут, так как распространение на них частной собственности будет означать предоставление монопольного доступа к среде обитания одних граждан и лишение или ограничение права доступа к среде обитания других граждан, что в своей сути содержит элементы неравенства. Природные и пространственные ресурсы могут использоваться гражданами в личных и производственных целях, но право на такое использование не должно носить исключительный или монопольный характер. При этом, те субъекты социальной деятельности, которые получают право на разовое или регулярное коммерческое и бытовое использование природных и пространственных ресурсов, включая право на переработку природных ресурсов, должны компенсировать остальным членам общества вызванное этим правом ограничение их доступа к этим ресурсам в форме платы за природные и пространственные ресурсы или природно-пространственной ренты. Эта плата должна стать одним из источников формирования доходов Суверенного Гражданского Сообщества взамен системы налогообложения, которая бы покрывала потребности сообщества в создании, поддержании и развитии его инфраструктуры.

Вторым источником доходов, обеспечивающих социальные гарантии граждан, должны стать доходы от коммерческой деятельности Гражданской Корпорации, которые автоматически становятся дивидендами граждан, являющихся собственниками своих неотчуждаемых долей в гражданской собственности сообщества.

Несмотря на то, что современные мировоззрения делят политический спектр на социалистов и капиталистов-консерваторов, и те, и другие, в конечном счете, являются социалистами, так как речь идет не о том, должны ли быть или не быть бесплатными, то есть субсидируемые из государственного бюджета, те или иные блага и ресурсы, а о том, в какой мере они должны быть бесплатными. Социалисты настаивают на расширении бесплатных или частично субсидируемых благ и ресурсов для населения при повышении налогов, а капиталисты-консерваторы настаивают на их ограничении при сокращении налогов. Вместе с тем, даже в такой самой консервативно-капиталистической стране как США, существуют бесплатное школьное образование, бесплатные дороги, частично бесплатное здравоохранение и высшее образование. Хотя, возникает вопрос о субъективности такого подхода. Почему дороги должны быть бесплатными, а здравоохранение – платным? Неужели право на путешествия может быть более приоритетным, чем право на жизнь?

С точки зрения справедливости по существу постановка вопроса должна звучать так – все, что создано трудом человека, обладает потребительской стоимостью и потребляется, - должно оплачиваться потребителями. Другое дело, что те товары и услуги, которые являются необходимыми для полноценного существования и развития граждан и гражданского сообщества, должны быть безусловно доступными. Достижение такого социального баланса может быть обеспечено за счет того, что все материальные блага и ресурсы, в том числе предоставляемые Гражданской Корпорацией, должны быть платными, чтобы максимизировать ее доходы и увеличить дивиденды граждан до уровня, который бы однозначно позволил им оплачивать все базовые материальные блага и ресурсы, необходимые для их жизнедеятельности и полноценного развития. В результате, доходы граждан должны будут складываться из двух источников - дивидендов по акциям Гражданской Корпорации, экономически гарантирующих право человека на жизнь и на образование и по сути представляющих собой универсальный базовых доход граждан, и прибыли от их коммерческой деятельности, экономически обеспечивающей самореализацию людей в объеме, соразмерном их социальной продуктивности. Это обстоятельство радикально поменяет человеческие мотивы, ибо целью трудовой деятельности станет креативная самореализация людей на всеобщее благо, а не выживание любым путем. Дифициентная мотивация вытиснится креативной, что радикально поменяет облик человеческой цивилизации, окончательно привнеся в нее мир, гармонию и процветание.

8. ГРАЖДАНСКАЯ ВЛАСТЬ

Формирование Суверенного Гражданского Сообщества и достижение им экономической самодостаточности является необходимым, но недостаточным условием развития новой социально-экономической формации до тех пор, пока гражданское сообщество не наберет достаточной политической силы для того, чтобы по закону баланса силы оно могло защищаться и противостоять враждебным силам. В этой связи активная политическая позиция Суверенного Гражданского Сообщества, его участие в политической деятельности и создание при сообществе институтов политического действия являются непременным условием его жизнеспособности.

Первым политическим шагом деятельности сообщества должно стать создание политической программы и политической декларации. Члены сообщества автоматически становятся пассивными или активными, но участниками нового политического движения. Экстерриториальный характер деятельности сообщества вне государственных границ позволит распространить его политическую деятельность в глобальных масштабах и в самых разных юрисдикциях с абсолютно разной законодательной средой. Потребуется организация единого политического центра в юрисдикции с наиболее благоприятствующей деятельности сообщества правоприменительной средой и адаптация подразделений сообщества в разных странах мира к конкретным политико-правовым условиям.

Политической целью движения является установление всеобщей справедливости и социальной гармонии. Политическими оппонентами против достижения такой цели гипотетически могут быть только три группы лиц:

- бенефициары социального паразитизма, то есть непосредственно социальные паразиты и аффилированные с ними социальные группы;

- социально-продуктивная часть населения, дезориентированная психотравмирующей пропагандой и дезинформацией в пользу властвующей элиты;

- маргинальная часть населения с социопатическими и психопатическими патологиями.

Бенефициары социального паразитизма и маргинальная часть населения с социопатическими и психопатическими патологиями никогда не являлись большинством. Социально-дезориентированная часть населения непременно станет союзником гражданского движения по мере его информационной дезинфекции. Таким образом, социальная поддержка политических сторонников Суверенного Гражданского Сообщества и их политическая популярность в демократическом мире объективно обусловлены.

Проблемы в деятельности сообщества, вплоть до нелегального положения его региональных подразделений, можно предвидеть в авторитарных и диктаторских режимах, запрещающих свободную политическую деятельность. С другой стороны, глобальная солидарность членов сообщества посредством трансграничного взаимодействия и поддержки ячеек сообщества в политически репрессивных странах со стороны ячеек, действующих в демократических юрисдикциях, позволит рекрутировать в движение просвещенную часть местного населения, ранее вынужденную интегрироваться в социально чужеродные институты автократии. Это позволит выбивать из-под диктаторских режимов их опору на угнетаемую ими интеллигенцию и, тем самым, разлагать их изнутри. Организационная эластичность и территориальная аморфность сообщества позволят ему проникать даже в самые закрытые политические системы. Это должно будет поставить точку на истории существовании автократий и диктатур.

Победа политических партий и движений, аффилированных с Суверенным Гражданским Сообществом, в отдельных избирательных округах позволит начать внедрять элементы гражданского самоуправления на подконтрольных территориях и синтезировать гибридные гражданско-государственные системы самоуправления. Это станет промежуточным этапом при переходе от государственного к гражданскому типу политической власти. Политический триумф гражданского движения на большей части территорий в глобальном масштабе позволит окончательно приступить к полному демонтажу института государства и построению общества, основанного на нормах прямой политической демократии. Гражданская революция свершится! Социальный паразитизм, болезнь, привнесенная институтом государственной власти и уродующая социальный облик современной цивилизации, будет излечена навсегда!